AF276935

Quejidos de luna eunuca

Primera edición: agosto de 2024

© 2024, Hécate Criado Salmoral
© 2024, Felipe Román y Joan Ferrarons por la edición

Publicado en Barcelona por Trío editorial
trioeditorial@gmail.com
trioeditorial.blogspot.com

Edición: I. A. Fernández
Diseño y maquetación: Felipe Román Osorio
Iustración de cubierta: Hernán Lazo Vega

ISBN: 978-84-124002-4-3
Depósito legal: B 15003-2024
Impreso en Estilo Estugraf Impresores

Quejidos de luna eunuca

Hécate Criado

trip
editorial

Frío

Desconcertada miro fijamente al sol, batiéndolo en duelo, poniéndonos a prueba: ¿quién es más fuerte, el ardor cósmico de su núcleo o el ardor iracundo de mis ojos? Siento que no me importa perder la vista, dejar que mis pupilas se fundan si puedo ser testigo de la caída del sol, de la derrota del tirano de fuego. Será una victoria carnal, puesto que ya renuncié a mis ojos. Sentiré su muerte con el lento pero desgarrador enfriamiento de mi piel... y no imagino sabor más dulce que ese.

En secreto, a espaldas del mundo e incluso a espaldas de mis criaturas atemporales, he danzado pecaminosa y macabramente con el vástago del invierno, con el descendiente de la cara oscura del Sol. Aquél que llegaba sin avisar y sin el permiso de nadie cuando el tirano marchaba. Y es esa rebeldía y con esa desfachatez que consiguió meterse entre mis carnes. Fue cuando toqué sus brazos de escarcha que me rendí a su tacto y le dejé cruzar la frontera mortal y huesuda de mis caderas. Fue cuando besé sus labios azules y agrietados que sentí su inconmensurable apetito por carne cálida, y guié su boca de ríos congelados hasta la reserva de mi mejor presa, aquella que se encuentra entre mis piernas. Tiempo hace que sellé sus puertas con un candado de temores y falsos calores, cuya llave se sabe perdida; pero fue su lengua de tamaño y forma perfecta que se introdujo húmeda y reptante por mi cerradura apretada... y fue cuando sentí al punzante *Frío* nevando mis carnes y saboreando mis temores, lamiendo con una voracidad capaz de descomponer hasta el último de mis reprimidos orgasmos de titanio; que supe que era él quién debía despojarme de mis falsos calores de agosto y era yo quién debía rendirse y entregarse al tosco placer del *Frío* de noviembre.

Y es cuando pienso en lo destinada que era mi feminidad, en las leyendas que se cumplen cuando froto mis pechos, que no son de carne, sino que son de magia y de perversiones del averno; que sé que si por ella no fuera, no habría conocido a mi amante eterno. Pues es la dulzura y la fertilidad de mi condición que me hizo esclava para luego ser gobernante, que rompió mi cuerpo y debilitó mi espíritu para poder dejarme poseer por mí misma, de ser la diosa de mi propio Olimpo.Y es que es tan fácil confiar y anhelar el calor cuando desciendes de hogueras, cuando te castigan con antorchas y tu imperio es gobernado por el sol...

Pero somos muchas las criaturas que transitando el bosque de hoguera en hoguera, nos perdimos por uno de sus caminos de noche, y así nos engulleron sus raíces oscuras y nos mostraron la verdadera naturaleza del mundo, y nos enseñaron a amar al *Frío*; pues el suyo es un cobijo de vida, no de muerte ni espanto. Pues son sus tétricos y tiritantes abrazos los que azotan nuestra carne que fue forjada en mito pero olvidada bajo yugos solares, y que nos recuerdan con cada avalancha de nieve enamorada, que seguimos vivas, con interminables conjuros en la mirada.

Escarlata

Se me viran los ojos hacia adentro
y con el último escarmiento
escribo con la bilis vomitada
las leyes de mi nuevo testamento

Y yo a los dioses no les miento
cuando les desafío con un llanto
y extasiada destruyo sus templos,
pues no hay guerra sin sufrimiento

Yo vengo a recordarle al mundo
las leyendas perdidas de las titánides
que de los peores horrores somos madres
y resucito a las muertas que olvidaron en lo profundo

En medio del ágora
frotándome los pechos
Mis ojos de medusa
Mis divinos mensajeros

Que quiero que sepan
que soy la cuneta de su Lorca
y que a mí nada me importa
si mis muros se tambalean

Porque por todos es sabido
que no se empieza una casa por el tejado

y no se le declara la guerra a una travesti
que la sangre de Artemisa ha bebido

Y que no hay dolor más grande
que ver el llanto de una madre
cuando a una le tocó volar alto en su escoba
Porque su mundo se le volvió Salem

Éstas son palabras
de alguien que miró a la belleza a la cara
Esa cara llena de ácido y mal maquillada
Vestida de zorra con medias de rejillas
cubriendo sus largas patas

Ahora en nombre de las madres lobas
que aúllan cuando la luna no asoma
Por Sylvia, por Venus, por Cristina
Por las que parimos con los dientes y no con la vagina

Criadoras de leyendas,
amamantando la brujería
Estas ya no son noches de Baco
Estos son crepúsculos de licantropía

Y que nosotras no le tememos a la muerte
pues, ¿qué es la muerte sinó una puta mal pagada?
Que cuando llegue la hora de nuestra suerte
la recibiremos en nuestro burdel vestidas de escarlata

Despertar entre tumbas

Deja que gotee
por el estómago de tu planeta
El polvo se engendra víspero
Tacones de talla grande

Sazón de vidrio
sobre piedra volcánica
No hay juicio bajo mi manto
ni luz sobre tu testigo

Saludo raíces
en boca de nadie
Me acechan arpías
con lenguas de sangre

Reunión de falsa inocencia
entre tumbas culpables
Ningún caimán habla su lengua
solo entienden gemidos de huracanes

Mi mirada no reposa en tu templo
alzado sobre creencia árida
Que por odio no hay altar en mi espalda
ni vértebras en tu juramento

La larva no se esconde
bajo telares de sombra ardida

Pues el sol quema tus hojas
y la luna abre tus heridas

Maderas de sauce viudo
dejan asentar las moscas de tu pasado
Y el libro que jamás debe ser leído
por una virgen de senos relamidos
por fin a los truenos será revelado

Germina planta impía
bajo caderas de mármol
Frias, tenaces y desoladas
ante una explanada de llanto

Brotan del sexo callado
ecos de gritos mitológicos
Que cuando se derraman en el acantilado
embisten con vida hacia tus ojos

Pues hay diosas mortales
que por besar el incienso
renuncian a su astrología
y se entregan a mareas de invierno

Malditos sean los ojos
que juegan a tiranía
y malditas sean las manos
que con sangre de Andalucía
mancharon de luto mis papiros
y desterraron lobas a la lejanía

25 de octubre

Me miraste las estrías y me preguntaste qué significaban estas runas

¿Por qué tú flotas en los pantanos verdes de mis ojos? Si pareciera que el mundo entero en ellos se ahoga

¿Y porque no sientes el hedor de mis pecados, de mi nigromancia prohibida? Y me dices que huelo a descendencia de claveles y rosas

¿Y porque ignoras que a veces el Hades abra sus puertas y mis mayores terrores me visitan en la noche mientras me abrazas?

Siento que no hay oscuridad en mi vida que no hayan podido iluminar los faros de tus ojos, que me guían incluso en los caminos más oscuros que me toca recorrer

Y yo que le temía al frío no volví a sentir miedo después de conocer el calor de tu piel, forjada bajo volcanes de ternura

Que abandoné la comodidad de la ropa si podía vestirme con la suavidad de tus sábanas

Yo nunca fui octubre, pero los colores que le faltan a mis días de otoño me los regalan las hojas de tus cabellos

Y yo que provengo de tierras bañadas en magia jamás conocí
paraíso como el tuyo

De tus cordilleras de sueños nevados
De la fertilidad de tus campos de ideas
De la vida que creas entre tus árboles

Y que no he visto colores más hermosos que los de tus flores

Es así, maravillada y en el éxtasis de tus misterios, que te
pido que juntos seamos leyenda

Cualquier lago

Cada vez que me acerco al agua
me susurra al oído su canto
La hojas caen sobre la superficie en picado
y a ella la estremecen sin tregua

Me canta leyendas sobre su muerte
y me habla de sus amores pasados
De que soy hija suya
y de que tengo que mantener su legado

Y que si en este lago
puedo ver las nubes del cielo
¿Por qué estoy a sus orillas pidiendo
que pueda amanecer mañana a tu lado?

Y dejadme hablar sobre las nubes del lago
Que en el agua el cielo está mejor dibujado
Que yo no creo en dioses olimpos ni cristianos
si no recibo respuestas cuando lloro sola en mi tejado

Qué pesar tener que volver a la vida
esta vida llena de falsos uranos
Habiendo catado la muerte dorada
de reposar en tus milagros mi llanto

Cazadora de esmeralda

Esta es la historia de la cazadora más letal jamás conocida,
que no colecciona gran número de víctimas a su espalda
es su eficacia la que su título respalda
Pues ella se basta para matarme de dos armas
asentadas en su rostro, dos emboscadas de esmeralda
Que cuando desprevenida me atacan con su tierna mirada
consiguen inmovilizar a esta cierva experimentada
Y desalmadamente me ruegan, mortíferas pero verdaderas
que jamás abandone el calor de su vera

Y eres tú, Dolores, la asesina más despiadada
pues tú no exigiste mi sangre
Sino que me diste cobijo en tu alma
y es que no existe daga más afilada

Es ahora, tras ese inconmensurable regalo
que vivo muerta en vida
si no me despierta cada día tu canto

Pues no es justo vivir con el espanto
de ver caer el agua de tu fuente contenida en llanto

Y sin creer yo en nada, más allá de tus abrazos
De rodillas me encuentro rezándole a cualquier santo
Por no verte jamás por amor mendigando

Igual

¿Cómo se atreven esas luces a golpear las paredes con tanta fuerza? ¿A cubrir de verdor algo a lo que no le pertenece tan libre pigmento? Es la valentía propia del polvo que se atreve y se empeña en habitar cada esquina de este mundo la que admiro. Y la persigo. Sobra electricidad en este planeta. Hay suficientes luces en el cielo para alumbrar nuestras ideas. Ahora solo opacamos conocimiento acallado. Hay un faro rojo que no me indica el camino, me lo impone. Igual que tú. Igual que todo. Pero yo nací en un cuerpo débil frente a geografías ajenas. Yo soy la ruta que marcó el bosque. Vosotros la que marcó la máquina. Vivo sobre ballenas y elefantes que quieren destruirlo todo. Igual que yo. Igual que nadie.

s/t

Me llaman voces que grito yo misma
en desesperado intento de guiarme
Guiarme sola, descalza y sin amarre
hasta pastos eufóricos de algún prisma

Aún no entiendo mi geometría
aunque aprendo literatura de boca de aves
Y me revelaron que la mayor sabiduría
era saber cabalgar corazón sobre mares

Brisas de astucia suspiran entre mis cabellos
y siento el tentador aroma del abandono
Pero no encontré aún flor que no dependa del suelo
ni lágrima que no dañe mi capa de ozono

Vivo en manada de una misma loba
Cazadora de colmillos de rocío
De lava, azufre y cólera es progenitora
Pero cuando busco la lactancia de su seno
lo encuentro vacío

Cuando el presente es árido desierto
son refugio los oasis del recuerdo
Imágenes de mi abuela, sonora cascada
encontrada tras noches de alegría deshidratada

s/t

Cómo de ingenuos
camináis sobre las tumbas de mis hermanas
Intento pronunciar estas palabras sin vomitar
Que en cada acera
en cada farola
en cada falda
en cada lágrima
en cada orgasmo
en cada navaja
en cada suicidio
en cada estrella
en cada ecuación
y ante todo en cada poema
...
yace el alma de alguna hermana mía

Que si yo vine a este mundo dotada en carnes
pero enjuta de miedos
fue para demostrar algo
Para sacar a muchas piedras del camino
y arrojarlas a cráneos desprotegidos
Para probar que no hay amenaza
que detenga el paso firme de la carne
Que hay una profecía palpitante
que ruega sedienta por ser cumplida
Por encontrar a esa fémina elegida

que con su llave venosa
penetre la cerradura que tiene a esta tierra resentida

Las que descendemos de la cólera y la lujuria
conocemos los misterios de este mundo
Hemos memorizado las grietas de sus cimientos
ingenuamente hemos intentado velarlas
con las débiles eyaculaciones de sus artífices
Ahora que los campos lloran
y que los árboles piden ayuda a las mártires
surge de entre las cenizas
el canto hermafrodita
que hará que las cascadas asciendan en llamas santas
y que los imperios se hundan en su fracaso tectónico

Bañémonos juntes ahora
en este caldero humeante
En pócimas hormonales
En sangre, tripas y lágrimas
de nuestros enemigos mortales
Y hagamos ofrenda a les dioses
Y pongamos a su servicio
nuestros dones sobrenaturales

El motor

Mientras la noche se escurre fría entre mis dedos siento el aroma del que será mi próximo llanto. La penumbra soleada de mis delirios tortuosos no trepará jamás hasta la cornisa de la que ya resbalaron tus labios.

Hay un secreto escondido en la mitocondria, que está aprendiendo a hablar lengua de cristales para desgarrar la piel y al fin liberarse. No muchas conocen esta verdad, sólo aquellas que hemos sentido sus punzantes deseos abriéndose camino entre nuestra biología cuneiforme. El motor que es arrancado de una máquina sigue siendo motor. En todo su esplendor y abanicado en posibilidades. Si me arrancan el motor perderé mi mover, pero jamás la carne. Y es más fétido, alquitranado y ruidoso el motor que visceralmente perdió su carne y fue expuesto al mundo.

En esta tierra de hologramas el cuerpo pierde su poder. Más bien la carne que se deja engañar por visiones y no confía en la certeza del tacto, lo pierde. En su contra operan entidades construidas en la verdad de la sangre y el calor, capaces de hackear esta farsa comunitaria para arañar y exponer el núcleo contaminado, y así devolver las máquinas al bosque.

No hay tiempo en el dolor pero si hay dolor en el tiempo. El pasar del tiempo es un ser autónomo y racional. Racionalmente cruel. La sátira que esconde su sonrisa es injustificable. De corazón espero que las costumbres petro-líferas de mis allegados extingan pronto su naturaleza.

Me lavo exhaustivamente los oídos para escuchar con clari-dad las carcajadas de mi pasado. Para identificar a la perfec-ción cada blasfemia y perjurio arrojado contra los ladrillos de mi cuerpo. Para descifrar todas las contracciones buca-les y volúmenes de oxígeno que se utilizaron para intentar agrietar mi espíritu, que acabaron llevándome de la mano por un camino de espinas, del cual recolecté incontables ro-sas, hasta cumplir la temida profecía.

Aún beso esa mano que me extendieron.

23

Con el miedo de caminar mis propias venas
cabalgo el flujo de esta profecía
que aparece con aroma novicio
pero palpita fuerte con abrazo de herencia
Y oigo el cantar de las ballenas desde la montaña
Sus historias retumban por el castillo que ya no vigila
sino que se derrumba ante mitología rebelde
Y los ladrillos caen golpeando mesas de juicios injustos
pues ahora mis 23 cuerpos ruedan calle abajo
hasta el nexo que une las arenas del tiempo con el mar de
mi melena
Y es en la playa donde ellas aprenden a caminar mis venas
y yo aprendo a cantar sus historias
...
Bendita villa de castigos de plata

Un lago

Mi mente tiene heridas que no cicatrizan y que de noche se abren, y me desangro hasta manchar sábanas ajenas. Y ahora él y yo somos un lago rojo que no aparece en los mapas, pero todo el mundo conoce. Nadie se atreve a sumergirse en mis arterias de mujer. Mujer nocturna hija de las verdades. En ningún país se habla nuestra lengua, y aún así nosotras en todos habitamos. Necesito ponerle condón a mi espíritu o lo infectarán.

Dragona

Erguida estatua de diamante
me alzo en la colina frente al pueblo
y escupo colosal llamarada de mis nombres
e incinero su historia y sus costumbres
Pues ahora soy dragona de su recuerdo
y fertilizo esta tierra de nuevo,
nido verde de colosas reptantes
Y entre nuestras alas
reescribimos la alquimia de nuestros cuerpos
y repoblamos montañas
con auroras de madres liberadas

Anfibia

Con el pasar del tiempo, se hace más audible el quejido ronco de mi piel. Cada día es menos el pudor que siente al llorarme muy cerca su condición seca, su árido sinvivir.

Cada día es más complicado ignorar su desesperado deseo de reencontrarse con el mar. Como si las mareas fueran el único sustento capaz de aplacar su sed de mil desiertos. Ahora ya no ser persona. Solo famélica Atacama.

Y es que despierto cada día ante amaneceres bañados bajo mi propio llanto, pues es insoportable el dolor de ser arrancada de sueños donde me abrazan corales de jade infinito y las corrientes me hacen su mensajera para propagar sus maravillas entre tristezas terrenales. No hay quimera más cruel que la del océano.

Mi cuerpo se alzó insurgente contra mí. Cada día es más larga la batalla que libro contra mi propia biología, pues si no me despierta el escamoso aroma del mar, habitado por millones de historias de corrientes vivas, mi anfibio deseo me encarcela de nuevo en tierra seca.

Raíces

Los pulmones siguen alzándose hacia la corteza
de un cielo que los rechaza
Yo me arrodillo babeante ante su imagen
El trigo se contorsiona mostrándome el camino a seguir
No me importa entregarme entera a la magia y el misterio
Las raíces se enroscan mostrándome palabras
en una lengua que todavía no domino
Pero ellas existen eternas solo para esperar
que yo venga a hablarles
En el día que nos arraiguemos como iguales
a esta tierra bañada en hojas y caminos
Pentágonos de madera me golpean los ojos
gritándome que atraviese mi destino verde
El frio de tu espalda me acuchilla
directo al calor de mi cintura de plegaria
Sueño con quedarme aquí sentada
y que el musgo de tus sueños me abrace
en esta húmeda encrucijada
Yo traigo la antorcha, pero de nada sirve su luz y su calor
frente a la temida verdad de este mundo
cuya forma es glaciar y marítima
Tanto como la mía

A las travestis futuras

Vosotras
Nosotras
Que somos esencia innata de este mundo
Que nuestras partículas se esparcen por la existencia
como un virus imparable, indomable, inevitable
Que somos el tejido absoluto de este mundo
y que lo mantenemos en pie
Nosotras
Diosas del tiempo y del todo
porque todo nos atraviesa
y lo cabalgamos sin saber cómo
A las próximas que tienen que llegar
Que de seguro llegarán y cada vez más poderosas
A vosotras os pido:
Cambiad los abismos
Moved todas las rocas
Vaciad los océanos y volvedlos a llenar
Con vuestras babas,
con vuestro sudor
y con vuestras lágrimas
Renombrad los siete mares
Convertidlos en ocho
Dibujad vuestros senos en el cielo
Amarrad vuestros cabellos entre mil árboles
y tejed la telaraña que atrape
a los que se opongan a nuestra divinidad
Sed Aracne

Coseos alas de murciélagos repudiados
y surcad los cielos de todas las noches
Porque son todas vuestras
Tatuaos los hechizos que solo nosotras conocemos
Bebed de las pociones que solo nosotras sabemos fabricar
Bañaos en la fuente de la juventud
y lavad vuestra lencería en sus aguas
Empuñad con fuerza las navajas
Escribid libros que puedan leer mis nietas
Corred el velo de la carne
y deslumbrad los ojos ante nuestra leyenda
Contad nuestras historias, por favor
Travestid vuestra creencia
Transicionad por la memoria
Allí os estaré esperando
Allí estamos todas

s/t

Violetas artificiales plantadas en jardín narcisista
Dobla la esquina donde celebraste regocijo caduco
El llanto de la marea espanta al cachorro inocente
pero a ti te arrastra a secar el maremoto de sus lágrimas
Pueblo habitado por recuerdos inmóviles
y por ecos que caminan con la cabeza gacha
Caminan hacia la última playa
donde poder acariciar
el final de algo que jamás entendieron
Sentada en el sinofuera donde todo es
desfilan los jueces que condenarán mi carne
Pero el colmillo blanco sigue sentado sobre mis vientos
Y mientras el colmillo mantenga su blanco puro, blanco perla
mi sino le pertenecerá al vientre de roca abanderada

Pasear

La espalda helada de la noche
se recuesta inmensa pero delicada sobre mi rostro
Y su pelaje humedecido por la cercanía de la costa
se enreda con mis brazos y les invita a escribir
Escribir melodías sobrenaturales de discordia
No hay opción más que adentrarse
en los intestinos de la locura
y cobijarme en su extraña calidez
inhumana

42

Heridas

No hay verdad más absoluta que la que se obtiene cuando le preguntas a la piel con voz de bisturí y hurgas en los tejidos de la identidad hasta encontrar la respuesta que cosa la apertura y pare el sangrado de la mente.

Pregnant

What child will I give birth to?

What is it that is born from this encounter?

What kind of sperm impregnated my fears
and let them grow so big?

We look so similar... the resemblance scares my tongue

It invades every dark corner of my mouth

I try to spit it out but your white shame
sticks forever on to my body

And now I'm a chimera made of the secrets
you whispered into my holes

And the scales of the dragon I'm trying to become

Something is wrong...something is bothering me

I kicked every door in every temple

scratched their walls into nothingness

until I could pass through them

ran down every corridor

screamed at every tomb

and woke every spirit up...

just so I could find what was lying underneath their lies

In that golden chest where I found my womanhood

Now lies the smile of my dad

The calmness of my mother

The trust of my granma

And I had to close it with a key of tears,

lube it and put it deep deep inside you, covered in a condom

And now you have become the temple that custodies
my most precious treasures

But I made sure I infected it

With an illness no condom can protect you from

And that's the archaic rage of the trannies

A fury so profound and massive that has been cultivated for
centuries

Since the fall of Hecadiah its victims and its monuments
hadn't had rest

And now that I am finally impregnated

An interstellar womb has formed inside me

And now I bare infinite children

And I'll make sure I'll give birth to the most vile,
horrific and cruelest creatures

All of your darkest fears

The monsters I had to face while kneeling down,

witnessing the worst outcome humanity could have reached

Putting your pleasure and your throne in my mouth
while you consciously sucked the life out of my eyes...

What was left of that murder was pure truth

The truth of your weaknesses

And I made sure they all reached my demonic ovaries

And now, here you see me, standing where you never thought
you and your empty sisters would see me

Being acclaimed by all the suns, and the gods
that turned their back on you

Your sisters dictated my body as not worthy of a divinity
they made up

Just because their eyes burned when looking at my true form

For I am a furious ancient goddess

reincarnated in the body of a raging transexual witch

who came to this world to restore its balance

and avenge the lives of all the living and unliving trannies
who have graced this world

Transcending, transmutating, transraging...

...

I'm about to give birth to a nebula of horrors and you...

YOU ARE ALL THE FATHERS

Costa brava

Que valiente debe ser la Costa Brava que parió a una travesti como yo. La oscuridad que tiñe esas aguas es diferente. La noche no es noche, es melancolía vestida de obsidiana. Cuando pienso en envejecer, por mucho que me esfuerce, solo veo a una niña. Una niña con cicatrices en las manos, en la espalda y en sitios que jamás se sabrán. Veo a una niña feliz que recorre las calles de su lugar natal y que recibe con lágrimas en los ojos el otoño y la soledad que le acompaña. La soledad será mi regalo de partida.

Cielo

Cada vez que muere una travesti
un lago se vuelve lodo

Cada vez que muere una travesti
se extingue una especie animal

Yo hice las paces con la muerte
el día que me hice travesti

Quiero protegerlas a todas. Quiero tejer una red e impedir
que se escapen volando. Pero la vida le dio alas muy fuertes
a mis nenas. Maldigo la biología perfecta de las travestis.
Maldigo la verdad, el talento y la belleza con las que somos
bendecidas. Cuando morimos corre oro líquido calle abajo y
se echa a perder por las alcantarillas. Morimos, y morimos
solas. Cuando perecemos llora el universo entero menos
nuestra propia especie

El cielo de las travestis está lleno de alcohol, risas, océano,
santería y vudú. Allá todas ríen sin parar. Lo sé porque hay
noches que las oigo, y con recelo sueño con el día en que
me reúna con ellas. Allá no usan condón y hay chongos para
todas y al gusto. Allá no hay enfermedades que nos acechen,
no hay clientes que nos dañen, no hay familias que nos
repudien... Allá todas nos llevamos bien. Es el escaparate de
una juguetería, con todas las ediciones de Barbie, perfectas,
hermosas, felices en sus mansiones o en las aventuras que

ellas elijan tener. Allá no lloran. Cada vez que llega una nueva hacen una fiesta. Una lúgubre bacanal infinita que no se acaba nunca puesto que nosotras nunca dejamos de morir ni un segundo. Todas se reconocen allá arriba porque nos conocemos el brillo de la mirada. Una travesti puede saber tu nombre con solo mirarte a los ojos

Descansen pitonisas y guarden un poco de ginebra por si se me escurre alguna hermana de entre los dedos

Arañas

Lo mejor que me podría pasar

Apoyar mi cara sobre tierra santa

y que trepara por mi rostro una araña,

pesada y peluda

Y que se acercara a mi oído a susurrarme
sus palabras de amor

Y me secara las lágrimas con sus piernas sin afeitar

Y me inyectara su veneno en la boca

para olvidar el dolor adherido a mis huesos

Y que hiciera su nido debajo de mi lengua
y me acompañara siempre

Y hablara ella por mi

Que pariera a sus crías y ellas habitaran todo mi cuerpo

para sentir ese amor maternal
en cada centímetro de mi anatomía

Ser yo una más

Arácnida aprendida y no nacida

Igual ser mujer

Vivir mujer araña es vivir para descuartizar y para amar

Nadie es más travesti que una araña

¡Nunca!

Yo estoy desencadenada de esa imposición biológica de la que son prisioneras las ciscones. Yo tengo la fortuna de ser mujer etérea, mujer de llama que puede estar aquí y allá, en todos sitios a la vez. Pero nunca, nunca, ¡jamás! mi cuerpo se rebelará contra mí con castigos de sangre ni clavos invisibles. Nunca mis caderas me arrastrarán por la tierra como a las otras serpientes extraviadas, sedientas por cumplir un mandamiento escrito por sus mismas venas. Yo soy criatura apóstata de la carne. Soy águila en las mañanas y tiburón en las noches. Seré madre de hijos engendrados por el bosque, pero serán mis pechos quien les guarde de la lluvia.

La puta y el mar

Hay una puta que le sonríe al mar

Infalible

Atisbar siquiera el blanquecino

escupitajo de su espuma

hace agrietar su rostro entristecido

en una curva perfecta

Siempre se saludan

la puta y el mar

Ella siempre le escribe cartas

El mar que le enseñó a ella a ser mujer

Forjó sus curvas

Llenó sus pechos

La hundió en la melancolía

propia de una sirena desterrada

A veces ella le ve desde el tren

y desearía que los trenes no tuvieran ventanas

Resguardo de cobardes

Que ella asomaría su cabeza

El objeto más pesado y maldito de la tierra

Y aunque el viento le arrancara sus cabellos

u otro tren la decapitara

ella sería sacrificio jubiloso

Pues moriría ante crestas de lapislázuli

que recogerían su cofre sangrante

Para devolverlo al estómago de todo

de donde nace el latido del fin

Sangre

Préstame un poco de tu sangre

Yo usé toda la mía para escribirte las cartas

que jamás leerás

Porque tu no sabes leer el amor

Ahora yo, perdida, desolada en las calles frías

Desnuda y vulnerable ante los caprichos del invierno

Esta noche soy la luna de Lorca

y necesito que alguien abra su pecho para poder calentarme

O que al menos alguien susurre mi nombre para no olvidarlo

El frío me hace detestar mi cuerpo de ninfa

y me vuelve parpadeo de luz de faro

Un faro abandonado

Embrujado por el llanto de una mártir

que escribió cartas de tinta roja

hasta fallecer

con un llanto entre los dedos

El secreto de mi abuela

Mi abuela y yo tenemos la misma edad. Mi abuela tiene 23 años. O se merece tener 23 años y volver a vivir su vida. Volver a elegirlo todo de nuevo. Y yo poder estar junto a ella, paso a paso, con un machete en la mano y dispuesta a abrirle la garganta a cualquiera que se atreva decirle un 'no'. Dispuesta a hacer una carnicería con quien se atreva a decirle lo que tiene que hacer. Mi abuela está perdiendo el pelo. Y no es la edad. Su propio silencio le está robando los hilos de miel que brotaban de su cabeza, los mismos que yo miraba y acariciaba fascinada de pequeña, cuando el sol se resbalaba sobre ellos, haciéndolos explotar en combustiones de oro frente a mí. Mi abuela nació bruja insurrecta y el mundo le cortó la lengua y le cosió la boca para que no pudiera conjurar jamás. No le enseñaron a caminar para que nunca pudiera subirse a una escoba. Y su mayor secreto fue su descendencia. Ella sabía que en algún momento de su linaje, su rabia y sus deseos brotarían de la sangre y tomarían forma humana para vengarla. Yo soy el secreto que jamás le contará a nadie, soy la herencia de su odio, soy su reencarnación en vida, soy la gaviota vengativa que volará siempre libre y se comerá los restos de aquellos que le cortaron sus alas... porque morirán frente a mí. Por ella me precipito día tras día sobre las nubes de sus sueños frustrados. Y así, cuando llegue por fin a la playa, seremos felices las dos.

Cansada

Estoy cansada
de perseguir al amor
como si fuera un hijo perdido
extraviado de mis brazos
arrebatado por la malicia del mundo
y mi instinto maternal
me arrastrara por las calles más dolorosas
de las ciudades más inmundas en las que he vivido

Estoy agotada
De llorar entre humanos de petróleo
De vagar entre bullicio de vísceras colapsando
deformándose macabramente en sonrisas
Pozos malditos de donde asoman almas de azabache

Ahora mismo
anhelo el abrazo de mis enemigos
Dormiría abrazada a cualquier varón
que me quiera ver muerta
Solo por sentir un momento
el calor de un corazón pegado al mío

Nadie sabe amar a una travesti.
Nadie sabe amar a una travesti
mejor que ella misma
Pero nosotras no queremos amarnos solas
Nos corroe el saber

que somos milagros vestidos de carne y perfume
Maravillas extradimensionales
que vinieron a jugar fugazmente
En un plano de existencia donde nadie es capaz
de estimarlas ni verlas

Nadie sabe que yo no soy de este mundo
ni que el arrepentimiento les arrebatará el sueño
cuando no esté
y piensen en mi grandeza sedienta de compañía
echada a perder por el temor a una Venus fálica

Qué gran regalo y qué inmenso dolor
ser mujer
ser titánico encarcelado
por cercos de terror
Terror del hombre
criatura condenada
desde que puso el primer pie
fuera del agua

El mundo gira muy rápido a mi alrededor
tan rápido que nadie me ve llorar
A nadie le interesa parar a secarme
estos crímenes acuosos
¡Que mis ojos deberían estar secos!
Quisiera estirar los brazos
y que el mundo entero se detuviera
en seco
y de entre la multitud emergiera

alguna mujer-loba
que no tuviera miedo de arroparme
entre sus zarpas
Yo feliz treparía por sus cabellos
escalaría su barba
recibiría contenta sus lametazos de amor
que mi aroma se fusionara con el suyo
formar parte de una manada fiel
una manada cálida...
...espléndida ensoñación licántropa

¿Dónde está mi padre?

¿Dónde está mi padre?
¿Por qué no viene a verme?
Ya no voy a la escuela
pero me gustaría que me recogiera
No sé dónde está mi padre
Creo que no tengo
Mi madre me tuvo como la virgen
o por inseminación artificial
Sí, debió ser así
Porque soy más capaz de amar a una máquina o a una jeringa
antes que a mi padre
No, perdón
Yo no tengo padre
Yo tengo un saco de deshechos pegado a mi memoria
Me crió una sombra gigante que me abducía brevemente
pero con mucho dolor
Me penetraba la mente con el filo de su voz
Por eso tosía tanto
Porque sus palabras cortaban
se abrían paso por su garganta hasta insertarse en mi
Y sangrábamos los dos
Pero él se permitía ese escupitajo de acero
y yo no tenía más opción que dejarme ensartar
por una criatura que debería haberse quedado
en las tinieblas
en la oscuridad
de los ovarios de su madre

y así podría haber descansado
eternamente yo también
en los de la mía
Y ahora no seríamos dos islas arrasadas
por la tormenta de nuestro pasado

¿Dónde está mi padre?
No le encuentro
Pero sé donde está
Sé dónde vive
Dónde come
Dónde duerme
Y él conoce donde moro
o donde debería estar
Y no viene a verme
Incluso sabe que ahora soy una mujer
Ahora me odiará más
La vida me empujó a ser lo que él más detestó
Como si yo hubiera venido a este mundo
simplemente a castigarle
Que él me recogía en su furgoneta
Blanca como el olvido
Blanca como la ausencia del todo
Blanca como mi piel
Piel que él condena
Piel que si él pudiera me arrancaría
y se la tragaría toda
solo por devolver a su interior
esa bestia que nunca debió crear
Porque yo siempre fui suya

la propiedad orgánica que él reclama
desde su silencio
Pero él me dio piernas
Así que huí
Y yo me di pechos
Así que viví
¿Dónde está mi padre?

Tristeza

Siento que esta tristeza me va a arrancar la vida
¿A quién le hablo estando tan desesperadamente sola?
Iría a buscar mi ouija
pero creo que hasta los espíritus me rehuyen
Me han dejado completamente sola
en un mundo tan lleno de gente
Tan lleno de belleza
y de tanto peligro
No puedo estar sola
No debería estar sola
Hasta los muertos me han abandonado
Que alguien me intente matar
sería un desenlace precioso
para esta noche de escarcha
que está sucediendo en mi corazón
Envidio a mis células
que están unas pegadas a las otras
Siempre juntas
Siempre abrazadas
Para formar una criatura
tan triste
tan solitaria
tan nocturna
tan amiga de la pena
tan mal adaptada a la singularidad
Nunca debí probar el estrógeno
químico que compone el caos

Acantilado

Cuando el color de las flores

se torna destello que abrasa los ojos

Y las melosas voces que te llamaban al pasto

se vuelven roncos crujidos de advertencia

es que es el momento de partir

Y si las hojas que caen

las empuja el viento

y juntos te guían al acantilado

arrójate al destino rocoso

Pues en el trayecto

te espera deleite de musgo y rama

Procura aterrizar primeramente con boca entregada

y conocerás el beso más sincero del mar

———————

Hechizo

Ven. Ven aquí. Escúchame bien. Esto es un hechizo. Mírame bien. ¿Sabes quién soy? ¿Tú sabes quién eres? ¿Sabes qué deberíamos ser? Escúchame bien. Esto es un conjuro. No, no es magia del amor. Esto es magia del recuerdo. Mira mis pupilas. Sí, míralas bien. ¿Las recuerdas? Verdes y azuladas. Sí, recuerda. Ven. Entra. Piérdete en mis bosques. Ahógate en mis mareas. Rebusca mi nombre. Encuéntralo y recuérdalo. Sí, nunca te dije mi verdadero nombre. Pero lo conoces. Lo llevas tatuado en la sien. Exacto. Ese es. Muy bien. Lo sé, tú fuiste el primero en clamarme mujer. ¿Lo recuerdas? ¿Recuerdas que tú no eras mala persona? No. Recuerda esa bondad. Esa bondad tuya me cogía de la mano cada día y me llevaba a pasear por cuentos que nunca leí. Tú me nombrabas tuya y me presumías ante criaturas que nadie más veía. Nos casábamos con cada mirada que cruzábamos. Dime, ¿Recuerdas todas nuestras bodas? Tú fuiste mi primer grimorio, de donde aprendí mis primeros conjuros. No te pierdas, sigue mis palabras. Cuando te conocí brillabas con una luz azul eléctrica e imparable. Y me endulzabas con tus ojos de chocolate. Tú eras bueno. Pero mamaste leche envenenada, una toxina que producía naturalmente tu madre desde el abismo de sus senos; y cuando creciste, también tu padre contaminaba tus platos con un rencor semisólido, comestible. Y así, poco a poco, te fueron cortando las alitas añiles que tenías. Ángel anclado a un infierno que jamás debiste conocer. Ahora recuerda el futuro. Recuerda los momentos que nos quitaron. Recuerda tu propia soberbia al no volver a nombrarme jamás. Recuerda los hijos que nos arrebataron. Explícame tú porque no sé si te estoy bendiciendo o te estoy maldiciendo. ¿Cómo pudiste olvidar tu primer beso, ese beso que también fue el primero para mí? ¿Cuántos besos hemos perdido por el camino? ¿Acaso me guardaste alguno por si algún día volvía a hechizarte? Ahora es el momento. Yo recordé el sabor de tu saliva durante años, antojo sobrenatural que consumía mi apetito. ¿Cómo has podido dejar que mis labios se secaran todos estos años? ¿Crees que olvidé los arroyos que hay en tu boca, esos en los que algún día nadé? Entre tus labios, mis desiertos se volvían playas. Y aún así inundaste arenas que no te correspondían. Y aún así sabes que míos son tus cabellos, que tuyas son mis caderas y que nuestros pies deberían abrazarse cada noche. ¿Por qué? ¿Por qué no sales a buscarme? Te tengo delante y no te veo montar a caballo. Ese corcel ya es un cadáver podrido entre tus uñas. Uñas culpables que nunca arañaron las puertas de tu castigo. ¡Que nunca intentaron escapar! No quiero hacerte daño. Y nosotros somos una quimera que arrasa con todo lo que ve. Mírame a los ojos. Dame tus manos. Escucha mi voz y piérdete en ella. Olvídame. No recuerdes nada más y que nada te recuerde a ti. Cierro este camino y lo sepulto bajo mi hechizo. Sí, esto es un conjuro. No te pasará nada. Nunca más. Hasta nunca.

Soy mujer

Ser mujer es un proceso alquímico
Es una mutación performática del cuerpo y el alma
Los atardeceres que atraviesan mis costillas así lo cuentan
Yo despierto a lomos de una yegua blanca
Cada día
Cada día cabalgo la belleza
vestida de muerte y maquillada de sombras
Aquí yace el murmullo de los querubines
Bajo mis axilas
Tócalos
Toca este orificio de furia calcárea
Métete adentro y déjate decapitar por su terror
Métete dentro de mí
Barnízame con tu ungüento
Mi cuerpo toma forma críptida
porque Dios me acuchilló el estómago
Estoy vacía porque Dios lo quiso
Ese portal a la vida yo no lo poseo
Yo poseo el portal a las tinieblas
Toco todo y todo muere bajo las yemas de mi pena
Voy al cementerio a llorar a los vivos
Los muertos se acercan a abrazarme
Toco con la lengua las campanas del infierno
¡Que despierten mis hijos que no los veo!
Una madre no es nada sin su descendencia de fuego
Yo aún no soy madre
Pero sí soy bruja

Pues una es bruja
cuando su néctar no lo producen sus pechos
sino sus brazos
Y bendito sea mi brazo
que yo lo puse en la boca del demonio
y esta se abrió como el candado final
descubriendo ante mí
el verdadero lenguaje de la tierra
Y ahora que hablo la lengua de Gaia
pienso usar mi condición de mujer
de madre y de bruja
para aniquilar la historia de este mundo

Gracias

Hoy le agradezco y honro a mi cuerpo por transportar las palabras que escribo y arrojárselas a quien se atreva a escucharlas. Porque son todas mías. Vivo en un constante ritual de invocación y alabanza a las diosas travestis que me rodean. Suyo es el don de la palabra. A mis amigas les dedico cada segundo de euforia, pues mi vida es un fruto que ellas me ayudaron a recoger. Y sobre todo alerto al mundo del peligro que suponemos. Porque ahora he entendido que nuestros cuerpos son el arma más peligrosa conocida. Abrazaos fuerte y recuerden sus epitafios, pues estamos preñadas de un armagedón imparable, nuestra propia cría devastadora, sedienta de venganza.

7	Frío
9	Escarlata
11	Despertar entre tumbas
13	25 de octubre
15	Cualquier lago
17	Cazadora de esmeralda
19	Igual
21	s/t
23	s/t
25	El motor
27	23
29	Un lago
31	Dragona
33	Anfibia
35	Raíces
37	A las travestis futuras
39	s/t
41	Pasear
43	Heridas
45	Pregnant
49	Costa brava
51	Cielo
53	Arañas
55	¡Nunca!
57	La puta y el mar
59	Sangre
61	El secreto de mi abuela
63	Cansada
67	¿Dónde está mi padre?
71	Tristeza

72   Acantilado

73   Hechizo

75   Soy mujer

77   Gracias